U. FISCHER

UNE SEMAINE
AU PAYS
DES ROSSET

ARTISTES COMTOIS

PARIS
1925

UNE SEMAINE

AU PAYS

DES ROSSET

ARTISTES COMTOIS

U. FISCHER

UNE SEMAINE

AU PAYS

DES ROSSET

ARTISTES COMTOIS

———

PARIS

1925

A

LA MÉMOIRE

DE

BERTHE DOUSSET

MA FEMME BIEN-AIMÉE

QUI EÛT ÉTÉ DU COURT VOYAGE

Ces pages sont une simple suite de l'ouvrage qu'en 1919 je publiais sur les Rosset; et même, afin d'éviter les répétitions, je le supposerai lu des personnes qu'elle pourra intéresser[1]. On ne cherchera dans ce nouveau livre, fort bref d'ailleurs, aucun des côtés historiques, marqués parfois au coin de l'anecdote, qu'offrait le précédent. A part en effet l'avant-dernier chapitre, qui jette quelque lueur sur une face de la généalogie de ces artistes, dont je descends, il est exclusivement consacré à plusieurs de leurs sculptures, non citées il y a six ans, ou alors citées mais non analysées.

Cette suite aurait dû paraître plus tôt, et si,

1. *Une famille de sculpteurs et de peintres comtois. Les Rosset.* — L'édition de cet ouvrage est épuisée, mais diverses bibliothèques le possèdent (la Nationale, la Mazarine, Sainte-Geneviève, pour en citer trois à Paris, et, parmi les franc-comtoises, un certain nombre de municipales).

malgré son peu d'étendue, j'ai tant tardé à l'écrire pour les amateurs d'art qui, à plusieurs reprises, voulurent bien me la demander, c'est que l'état de ma santé ne me permettait guère d'aller en Franche-Comté. Or dans cette province existent des sculptures qu'il fallait ajouter à l'inventaire commencé en 1919, et là aussi, concernant la généalogie, des sources auxquelles je désirais me reporter. Ce fut cette année-ci seulement que je pus m'y rendre. Un séjour d'un mois au moins, partagé entre le Jura et le Doubs, m'eût été nécessaire : une semaine finissait à peine que la fatigue me contraignait à revenir. Quelque limité dès lors que forcément se soit trouvé le résultat de ce voyage, j'ai pensé que je devais néanmoins le communiquer aux personnes dont je viens de parler. Je le publie donc, faisant fond sur leur indulgence.

U. Fischer.

Paris, 10 septembre 1925.

SCULPTURES

NON CITÉES EN 1919

Pour être absolument fidèle au titre de cette
suite, nous ne devrions, ce semble, parler ici
que des œuvres d'art qu'on voulut bien, cette
année, nous montrer en Franche-Comté. Mais,
de notre part, ne serait-ce pas manquer de
tact envers plusieurs personnes qui nous
ouvrirent auparavant, et fort gracieusement,
leur demeure, afin que nous pussions regarder des travaux qu'elles possédaient des Rosset ?
Qui sait d'ailleurs si, sans cette sorte de pré-
face, qui excita singulièrement notre curiosité
artistique, nous aurions véritablement réagi
contre la lassitude physique qui nous retenait
à Paris ? Puis, au retour de Franche-Comté,
nous fûmes admis encore à voir d'autres sculptures : conviendrait-il de n'en dire mot ? Le

lecteur souffrira que nous ne prononcions d'ostracisme contre aucune, que nous les lui présentions toutes, dans l'ordre même où nous les examinâmes.

Nous ne l'entretiendrons, cela va sans dire, que des pièces où nous avons reconnu la main de l'un des Rosset. Beaucoup d'ouvrages en effet passèrent sous nos yeux, et souvent, à notre grande tristesse, tant était profonde la foi des personnes qui nous les montraient, nous nous vîmes contraint de déclarer que rien, dans la fréquentation journalière qu'au cours de notre première jeunesse nous avions faite des travaux de ces artistes, ne nous permettait de conclure à l'attribution qu'elles souhaitaient. D'autres pièces pouvaient parfaitement être des Rosset, mais, insuffisamment convaincu, nous n'en parlerons pas davantage : on nous les présenta dans des cadres dont la fermeture empêchait une observation rigoureuse, en raison, par exemple, d'un défaut de transparence du verre, en dedans parfois chargé de poussière, puis aussi d'une garniture intérieure dont l'obscurité de la teinte, obscurité souvent accrue par la profondeur relative de l'abri, nuisait à la précision du regard.

Les sculptures ne portant ni signature ni indication de caractère équivalent ont éveillé notre intérêt tout autant que celles qui se trouvaient revêtues de l'une ou de l'autre marque : déjà du reste nous laissâmes percer notre sentiment à cet égard (1919, pages 88 et 89). Si François Rosset et son frère Antoine mirent, et assez fréquemment même, leur nom ou leurs initiales au bas ou au dos de leurs ouvrages, il n'en fut ainsi, de tradition familiale, ni de Jacques, leur aîné, ni de Joseph, leur père ; ceux-ci ne le firent que dans des circonstances si rares que l'exception vint, une fois de plus, confirmer la règle. Est-ce à dire que les inscriptions figurant sur tel ou tel travail attribué à ces derniers soient à rejeter à priori ? Assurément non ; mais qu'on veuille bien y voir, la plupart du temps, la main d'un amateur de l'époque qui, sans le moins du monde penser à mal, croyant au contraire faire œuvre louable, tint à établir, par là, l'entrée de l'objet dans sa famille. Cette addition eut lieu généralement assez tard : elle attendit la consécration du talent de l'artiste. Il arriva même qu'une pièce resta vierge de désignation une génération entière, deux quelquefois, et que ce furent des descendants qui y firent porter l'inscription; nous laissons à penser si, dans ces conditions, celle-ci se trouva toujours exacte! Aussi ne faut-il pas s'étonner de la dissemblance des signatures, ou des indications en tenant lieu, qu'on peut relever sur les sculptures de Joseph et de Jacques Rosset, du premier surtout. C'est tantôt la capitale, grosse ou petite, tantôt la cursive qui attire le regard; et de plus (sauf dans le dernier cas, où l'emploi de la majuscule a lieu assez rarement) les caractères ne se trouvent pas constamment de niveau, certaines lettres de milieu dépassant, et intentionnellement, en hauteur leurs voisines. Ajoutons, concernant les moulages du temps, qu'il y eut aussi les indications de l'éditeur. Tout cela certainement n'est pas à négliger; et d'ailleurs, lorsque l'une quelconque de ces inscriptions existera sur un ouvrage, et que nous l'aurons aperçue, nous en ferons part. Elle contribuera au signalement de l'objet, semblablement à la mention, par exemple, d'un doigt cassé. Nous ne cherchâmes aucunement pourtant, et dès lors n'indiquerons point, s'il se trouvait, ou non, un trou au dos d'une pièce donnée. Un trou ? Hélas! oui : à Besançon, l'on peut entendre rapporter que Joseph et Jacques, ne signant jamais ou presque jamais leurs ouvrages, les christs spécialement, y suppléaient par une marque de cette nature ; mais pas une seule fois nos ascendants ne nous parlèrent d'une telle marque, en tant du moins que signature, car une cavité ne laisse pas de s'expliquer différemment.

D'autre part, nous nous sommes toujours prêté à prendre connaissance de notes familiales, de lettres de parents ou d'amis, ou de documents analogues, tendant à établir l'authenticité d'une pièce ; toujours cependant nous avons estimé qu'il convenait d'en subordonner la lecture à l'achèvement de l'examen visuel du morceau.

Au reste, avant de nous suivre dans l'analyse, et dans l'attribution connexe, des sculptures, le lecteur voudra bien ne pas perdre de vue que l'infaillibilité n'est pas de ce monde, que moins que personne nous y prétendons, que nous nous soumettons au contraire, et absolument, aux lois de la critique et partant de la controverse. Les jugements que nous serons amené à porter devront donc constamment garder à ses yeux le caractère d'opinions purement personnelles, et, si nous osons dire, d'une nature, en principe, essentiellement friable, comme malheureusement tout ce qui distingue l'argile d'où sortit l'ouvrage de Prométhée.

Parmi les pièces à analyser vont figurer sept christs et, touchant la seule ronde-bosse, cinq bustes de Voltaire. Nous voudrions éviter les redites. Premièrement donc, et une fois pour toutes, signalons que les bras des christs n'accusent pas plus l'horizontalité parfaite où, à une époque, et bien à tort, on voulut voir le signe de l'orthodoxie, que la tendance à la perpendicularité qui, au même temps, et d'une manière non moins inconsidérée (ainsi que, dans la *Revue de l'art chrétien* de mars-avril 1910, M. Augustin Gazier l'a péremptoirement démontré), fut tenue pour le sceau du jansénisme. Ils présentent une position intermédiaire. Au surplus, afin qu'on puisse se rendre compte de l'élévation des bras au-dessus de la tête, nous indiquerons toujours la hauteur du corps, d'abord sans ceux-ci, ensuite avec eux ;cette hauteur, on nous passera, comme celle de tous les autres objets, de l'arrondir au centimètre, et, pour les petites pièces, au demi). Quant aux Voltaire limités au buste, ils s'offrent à l'œil, sauf une légère variante en l'un d'eux, dans l'attitude relatée par Grimm en avril 1767 (1919, p. 5o), soit donc « la tête nue, la chemise ouverte sur le sein, avec un manteau jeté autour des épaules ». Lorsque dès lors nous nous bornerons à mentionner : pose de 1767, on saisira ce que nous voulons indiquer.

Cela dit, nous pouvons passer aux sculptures examinées.

M. Hippolyte Buffenoir (Paris). — M. Buffenoir a dans sa collection deux petits bustes d'ivoire, de 6 cent. de hauteur, représentant : le premier, Voltaire ; le second, J.-J. Rousseau. A la conduite générale du travail, à l'exécution de la chevelure, au tracé des orbites, nous attribuons l'un et l'autre à Jacques Rosset.

Voltaire paraît dans la pose de 1767. La commissure des lèvres est accentuée, les muscles du cou non moins accusés. L'écrivain ne touche pas encore à l'extrême vieillesse, mais elle accourt.

Quant à Rousseau, c'est la fin de la jeu-

nesse, ou, à la rigueur, l'âge mûr, pas davantage toutefois : environs de 1754, par exemple,
époque du retour, pour un court temps, à
Genève. Il se peut que notre trisaïeul ait, sous
la forme d'un de ces croquis qui lui étaient
familiers (1919, p. 102 et 103), rapporté ce buste
d'une visite qu'il rendit alors en cette ville,
accompagné de son père, au futur auteur du
Contrat social; Rousseau, par une sorte de pré-
venance envers ses hôtes d'un jour, leur servit
un plat de maïs des plus san-claudiens au xviii
siècle, et même encore sous le second empire :
des « catons » au fromage, arrosés de lait.

S'harmonisant bien comme disposition,
comme détail, comme rendu, les sujets font
d'agréables pendants.

M. ALPHONSE AULARD (Paris). — A certaines
pages, il va nous arriver, l'original ne se re-
trouvant pas, de citer des reproductions; mais
il s'agira de moulages de l'époque, ou du
moins assez anciens.

Nous demanderons cependant la permission
de signaler, malgré son caractère essentiellement moderne, un biscuit que M. Aulard a
placé dans son cabinet de travail. Le nom de

la manufacture d'où il sort — Sèvres — en
garantit d'abord le côté artistique autant que la
fidélité d'exécution. Puis nous ne voyons guère
d'autre moyen, pour le lecteur, d'acquérir un
aperçu de cette porcelaine qui jadis obtint
un succès considérable, et qui reproduisait un
buste de Voltaire sculpté, par Joseph Rosset,
pour le prince Galitzin (1919, p. 52, 53, 188 et
189). Dans cette reproduction, le châtelain de
Ferney a bien encore la tête nue et la chemise
ouverte sur le sein ; mais — et c'est la variante
signalée plus haut à la pose de 1767 —
aucun manteau ne cache le justaucorps. La
tête est tournée à droite, et le visage reflète
beaucoup d'aménité, une fort grande douceur.
On conçoit aisément que ce biscuit, dont le
prix ne présentait rien d'exagéré — soixante
livres —, ait été des plus sympathiques non
seulement au public, qui, à la fin de 1767, se
le disputa pour les étrennes, mais au modèle
lui-même : ce dernier eût voulu que Pigalle
s'en inspirât pour la statue qui décore aujour-
d'hui la bibliothèque de l'Institut (1919, p. 52
et 53).

Hauteur : 13 cent $\frac{1}{2}$, sans un socle de porcelaine bleue.

M. René Vallery-Radot (Versailles). — La collection de M. Vallery-Radot comprend un moulage et un original qui ne purent qu'attirer notre attention, le premier surtout.

De 5o cent. de hauteur, le moulage offre le buste de Voltaire dans la pose de 1767. Tournée à droite, la tête est très levée ; la lèvre inférieure déborde sensiblement. L'auteur de la *Henriade* a un air vainqueur, cet air des derniers temps où il ne pense plus guère à Huber (1919, p. 29 et 3o). Le long de chaque oreille se voit un début de barbe absolument curieux. Ce n'est pas, à proprement parler, la « patte de lapin » qui, sous le premier empire, sera assez portée : c'est une légère touffe, dont la frisure rappelle celle des cheveux. Nous regrettons de ne pouvoir, afin de rendre la chose bien perceptible, mettre à cette page une photogravure ; mais, ayant publié sans le moindre cliché notre ouvrage de 1919, nous ne nous croyons pas autorisé à agir différemment aujourd'hui : quelque intérêt que présentent les sculptures nouvellement citées, elles seraient aussitôt avantagées relativement aux précédentes. Sous l'épaule droite se lit cette inscription, attribuable, pour nous,

à l'éditeur : *Voltaire né le 20 février 1694 fait
en sa présence par Rosset sculpteur à Saint-
Claude en 1777.* Autant qu'une opinion peut
prendre base sur une reproduction, le Rosset
dont il s'agit ici doit être Joseph. Comment
a-t-on pu gâter une pièce si originale par une
couche de peinture jouant le bronze ? M. Vallery-Radot, cela va de soi, n'est pour rien
dans le badigeonnage. Il le déplore même
autant que nous, car de légères détériorations
laissent, par places, percer le blanc du plâtre
et nuisent ainsi à l'unité d'aspect. Puis, consé-
quence autrement grave, la finesse de l'original, forcément en diminution déjà dans le
moulage, faiblit plus encore.

Voici maintenant un autre Voltaire, en perruque toutefois. On le voit assis sur un tertre
(si ce n'est un fragment de roche) ; il tient,
d'une main, un livre, de l'autre, s'appuie sur
une canne. Le morceau a 19 cent. de hauteur ;
l'artiste le tira sans doute d'une pierre qui, à
l'époque, se trouvait assez répandue aux environs de Saint-Claude. C'est un travail exécuté
largement ; à certains endroits même, la glaise
préparatoire transparaît un peu trop : aux
mains par exemple, dont une tout au moins

aurait réclamé un emploi plus soutenu de l'acier. *Felix culpa !* l'ouvrage en effet y prend un caractère de sincérité très marqué, et si, revenant parmi nous, et passant du père au fils — car, pour nous, François sculpta la pièce —, Grimm estimait que le modèle manque de noblesse (1919, p. 58), les réalistes de nos jours répliqueraient par des applaudissements. Le morceau est donc réussi dans l'ensemble ; concernant le détail, du reste, il comprend une lévite pour le drapé de laquelle l'ancien élève de l'Académie royale de peinture et de sculpture a voulu se ressaisir : elle tombe on ne peut mieux. Le vieillard posa vraisemblablement dans le jardin du château de Ferney, où l'artiste se voyait toujours cordialement accueilli (1919, p. 88).

M. L'ABBÉ OCTAVE CLÉMENT (Paris). — C'est un très joli christ d'ivoire que nous avons pu examiner chez cet ecclésiastique. La hauteur est de 14 cent., de 16 jusqu'à l'extrémité des bras. Tête (inclinée sur l'épaule droite), chevelure (tombant sur cette dernière), couronne d'épines, langue (assez apparente), dents (se devinant plus qu'elles ne s'aperçoivent), tout cela se trouve heureusement présenté. Il en est de même des bras, aussi bien, d'ailleurs, que des jambes. Mais le torse, par le rendu, l'emporte peut-être encore sur le tout, quelque expression qu'offre le visage. Dans les détails, dans le fini, la main de Joseph apparaît nettement, si, par endroits, l'on peut y chercher celle de Jacques.

Nous ne parlerons pas de la croix. Pour ce crucifix en effet, comme pour les autres, nous passerons sous silence et l'appui avec ses accessoires (inscription supérieure, os croisés, tête de mort) et le fond, tant, à l'égard de ces compléments, les années parfois ont fait œuvre dévastatrice : ici c'est un tibia ou un fémur qui manque, là les quatre lettres du haut, là encore autre chose, quand un cadre moderne n'est pas venu, de toutes pièces, remplacer le primitif. Nous nous bornerons donc, si on le permet, à l'image capitale. Puis — ne cachons point notre faiblesse humaine — nous tenons rigueur aux appuis (sur lesquels, en général, le christ se trouvait étroitement fixé) de nous avoir empêché d'étudier, comme cela eût convenu, l'envers du corps; or cet envers ne devait pas toujours être sans prestance, à en juger par certains tracés lombaires que nous pûmes apercevoir (entrevoir, dirions-nous plus justement).

M. **MAURICE JEANTET** (Viroflay). — Encore un christ, et fort beau, d'ivoire pareillement, et de Rosset le père, à notre avis. Le travail en est vraiment remarquable. La parfaite unité de composition qui le distingue, le peu d'effet que l'artiste a cherché (pas de couronne d'é-pines, pieds maintenus par un seul clou), le jet de la draperie, la souffrance peinte sur le visage, le fini irréprochable nous conduisent à complimenter M. Jeantet sur la possession d'une telle œuvre d'art. Mais qu'il nous laisse également le féliciter de n'avoir jamais cherché à faire disparaître, par une restauration plus ou moins risquée, la cassure de trois doigts qui existe à la main droite, et d'un à la gauche : les réfections apportées à la sainte Thérèse, de Joseph précisément, qui appartient au Louvre, sont, à cet égard, des plus significatives (1919, p. 83).

Hauteur de la pièce : 20 cent., et 23 avec les bras.

M. **LOUIS ISABELLE** (Saint-Claude). — Voici

un troisième christ d'ivoire. Les bras, les
jambes, la chute de la partie antérieure de la
chevelure, sinon la couronne d'épines, la disposition de la draperie enfin attestent la manière de Jacques ; mais le visage.... Tout
d'abord on pourrait croire que l'objet tomba à
terre, et que la face en fut faussée ; ainsi
le nez n'est pas uniforme des deux côtés. Il
en revêt même un aspect des plus fantasques.
Puis on penserait qu'une fois endommagé,
le christ devint, entre les mains d'un enfant,
un pur jouet : les yeux — le fabuliste n'a-t-il
pas dit que cet âge est sans pitié ? — se trouvent
crevés en deux endroits. A notre jugement
cependant, la vérité offre ici plus de com-
plexité. Notre trisaïeul, dans les deux pre-
mières phases de sa carrière artistique, et
légèrement encore dans la dernière, avait
l'habitude, afin d'éviter les brisures de l'ivoire,
du moins pour en limiter l'étendue, de prati-
quer à l'orbite oculaire deux « puits », trous
légers entre lesquels il poussait l'outil. De qui
tenait-il ce procédé ? Certainement pas de son
père, à la main si souple. Peut-être avait-il
entendu dire que Jacques-Antoine, son aïeul,
celui même qui souhaitait si vivement de voir

ses ouvrages attirer l'éloge autant que ses vins
fins, et qui appréhendait énormément les
cassures (1919, p. 9 et 10), agissait de la sorte.
Or, outre les caractères distinctifs relevés en
commençant, le christ de M. Isabelle présente
cette particularité-là. Nous en inférons que le
corps dut être sculpté, achevé même avant la
face, qui fut réservée. Cette hypothèse trouve
un solide fondement dans le dessous des yeux :
ce dessous en effet, surtout d'un côté, présente
une saillie démesurée. Est-ce qu'une chute sur
le parquet aurait provoqué celle-ci ? Jamais.
Une chute eût pu enlever de la matière, en
aucun cas n'en eût ajouté ! Il faut dès lors
admettre que, sous l'acier, un désastreux éclat
se produisit vers la fin du travail : le sculpteur en posa son outil, et la pièce, pour le
visage du moins, demeura à l'état d'ébauche.
Qu'ensuite, une fois abandonné, le christ ait
servi à l'amusement d'un enfant, et que le
jeune autant que farouche iconoclaste se soit
particulièrement attaqué aux yeux, dont les
« puits », sans doute, lui paraissaient par trop
modestes, rien d'impossible ; ces derniers en
effet accusent un écart étrange, puis l'un est
foré démesurément.

En tout cas, le visage jure tellement avec le corps, qui, lui, se trouve d'une belle venue, qu'un instant l'on inclinerait à dire — erreur, à notre sens, — que l'ouvrage ne sort pas de l'atelier des Rosset. Or, malgré tout, ce corps demeure, et, par ses incontestables qualités, mérite, en dépit de la lourde détérioration du reste, de prendre place dans la galerie d'un collectionneur : la pièce y fera encore bonne figure, cela sans jeu de mot. Car il ne faudrait pas avoir deux poids et deux mesures ; alors admettons que, poussant ses ravages à l'extrême, l'enfant dont nous venons de parler ait délibérément tranché la tête : aussitôt le christ se serait trouvé, abstraction faite évidemment du talent différenciant l'une et l'autre sculpture, dans la situation de la Victoire de Samothrace, qui, toute décapitée qu'elle est, n'en constitue pas moins un des joyaux du Louvre.

Hauteur de l'ivoire : 16 cent., et un peu plus de 17 avec les bras.

Sur le socle on lit : *Jacques Rosset f.* 1824.

M. FÉLIX VIEUX (Saint-Claude). — Nous avons vu dans l'appartement de M. Vieux deux médaillons d'ivoire, offrant en bas-relief découpé (5 cent. sur 3) le buste de l'avocat Christin (1919, p. 25, puis *passim*) et celui de Voltaire.

Christin, dont le profil se trouve tourné à droite, est des plus vivants. La perruque, le haut col de l'habit, le jabot présentent un beau fini. Le nez, tout en étant long, n'accuse guère la courbure aquiline qui, de tradition, caractérisait le défenseur des mainmortables et que mentionne, d'ailleurs, le signalement porté sur un certificat de résidence délivré sous la révolution ; mais l'artiste a sans doute aperçu ainsi son modèle.

Quant à l'autre médaillon, nous hésitons à le décrire. Les notes que nous retrouvons paraissent tronquées ; elles ne manifestent que médiocrement de suite en tout cas (nous fûmes interrompu dans notre travail par une visite que reçut alors M. Vieux). Il nous semble pourtant que l'attitude de Voltaire, si elle n'était encore celle de 1767, ne devait pas s'en écarter beaucoup ; que les rides se trouvaient fort prononcées, sous le menton principalement ; que le trait général enfin dénotait le procédé d'Antoine, aussi bien, du reste, que dans la première effigie ; mais nous pouvons être le jouet de notre mémoire.

M. Félix Jeantet (Saint-Lupicin). — Un moulage d'un médaillon de 6 cent. de diamètre, représentant, en buste, Joseph Rosset, fait partie de la collection de M. Félix Jeantet. Le profil est tourné à gauche, la tête nue, la chemise entr'ouverte. En exergue circulaire : *Rosset-Dupont, statuaire, né à Saint-Claude.* La pièce est très intéressante, et, de plus, fort bien conservée. Il s'y révèle toutes les qualités d'Antoine, dont le nom, d'ailleurs, se détache dans l'inscription de facture : *Ant. Rosset* .... A la place des points figure une mention que, sans aucun doute, l'original nous eût livrée, mais que le moulage se refusa à nous laisser discerner nettement. M. Jeantet toutefois y voit *Fecit.*

M. Jules Ligier (Saint-Claude). — Un moulage identique, mais, hélas! brisé, se trouve en la possession de M. Ligier. La fracture cependant n'entame que le côté gauche ; elle s'arrête, d'ailleurs, à l'effigie.

Mme Louis Trouillot (Lons-le-Saunier). — L'hôtel de Mme Trouillot renferme de nombreuses œuvres d'art ; parmi elles est un christ

d'ivoire dont notre regard eut peine vraiment
à se détacher. Il a 11 cent. $\frac{1}{2}$ de hauteur, et 13
jusqu'à l'extrémité des bras. Dans le travail de
la tête (penchée sur l'épaule droite et surmon-
tée d'une couronne d'épines à deux branches),
de la bouche (laissant apercevoir une partie
des dents supérieures et légèrement la langue),
de la draperie, du torse, des bras, des jambes
enfin se manifeste clairement la manière de
Jacques. C'est un ouvrage très bien ordonné,
le fait est indéniable, mais un ouvrage de
jeunesse. Un temps fort court devait avoir
passé depuis la prise du ciseau par l'adoles-
cent. Cela se dégage particulièrement des
pieds, qui rappellent l'école antérieure à Joseph et des pratiques de laquelle le fils ne
s'est pas encore affranchi, de la chevelure, où
perce une certaine hésitation, des pupilles,
dont la symétrie laisse à désirer. Mais ce que
le morceau perd ainsi en valeur esthétique, il
le regagne aussitôt, et singulièrement même,
en rareté : on a devant soi le témoin d'une
époque; bien plus, une véritable pièce de
musée. Sans grand effort d'imagination, en
effet, on y distingue le jeune Jacques cher-
chant à marcher sur les traces de son père,

tout en prêtant néanmoins une oreille complaisante à tel ou tel *laudator temporis acti*, survivant de la vieille école.

M. Maurice Prost (Lons-le-Saunier). — C'est aussi un christ d'ivoire que tout d'abord nous avons vu chez M. Maurice Prost, et, personnellement nous n'en doutons pas, un christ également de notre trisaïeul. Toutefois nous nous sommes trouvé devant un Jacques de la deuxième époque. Couronne d'épines à deux branches encore; touffe de cheveux sur le devant de chaque épaule; dents invisibles, mais langue très apparente; pieds, comme dans le crucifix de M. Maurice Jeantet, fixés par un seul clou. La draperie et la cordelette qui la retient sont parfaitement présentées. Le visage a beaucoup d'expression : la souffrance y paraît dans toute son acuité. Les bras enfin, les jambes, le torse sont d'une irréprochable exécution. Un côté faible par contre : vers la caroncule lacrymale, notre ancêtre a un peu trop appuyé sur l'outil, et, si nous n'avons pas mal vu à travers le verre du cadre (qui, sans faire précisément obstacle à une observation rigoureuse, la paralysait légère-

ment cependant), le parallélisme, comme pré-
cédemment, ne se trouve pas ponctuellement
respecté dans l'axe des pupilles. C'est néanmoins un des beaux christs que nous avons
retrouvés de notre trisaïeul. Hauteur : 17 cent.,
et, avec les bras, 20.

Puis M. Prost nous a présenté, d'Antoine,
deux médaillons d'ivoire découpé donnant le
buste, en bas-relief, l'un, de J.-J. Rousseau,
l'autre, de Voltaire. Ils font pendants, celui-là
ayant le profil tourné à droite (*A. Rosset f^t*
1783), celui-ci, à gauche (*A. Rosset f^t* 1782).
Ce sont deux magnifiques ouvrages. Le trait
défie toute critique. Et la dimension dépasse
celle des médaillons courants de l'artiste :
l'image seule a 10 cent. de haut sur près de
7 de large.

Nous voilà d'abord devant Rousseau. Il est
représenté tête nue, les cheveux abondants ;
c'est la première étape de la maturité, l'année
1754 encore, si l'on veut, comme pour le buste
appartenant à M. Buffenoir. Antoine s'inspira
d'un travail de l'époque, si cependant —
quelles sont les hypothèses à rejeter à priori ?—
il ne fixa les traits de mémoire. A cette date, en
effet, il put tout de même aller à Genève, mais

à un âge alors où généralement on n'entre-
prend guère de sculpter autre chose que des
marrons d'Inde : il comptait cinq années seulement, ainsi que nous sommes parvenu à
l'établir définitivement (v. l'avant-dernier chapitre).
Aurait-il donc accompagné son père et son
frère Jacques dans la visite relatée plus haut ?
Si oui, il dut garder meilleure mémoire des
« catons » de maïs que de la physionomie de
l'amphitryon. Le fait est qu'Antoine, si du
moins nous nous en rapportons aux travaux
d'origine différente examinés jadis dans la
maison paternelle, comme à ceux, d'ailleurs,
que de nos jours l'on peut voir encore de
Jacques et de plusieurs artistes de l'avant-
dernier siècle, a insuffisamment prononcé,
près de l'œil, une certaine proéminence du
nez. Aussi pourrait-on avancer qu'il s'agit
d'un personnage tout autre que Rousseau,
le soutenir même ; et si, sur ce terrain, du
reste, on nous appelait à croiser le fer, vite
nous abaisserions notre fleuret : des secondes
ne se passèrent-elles pas avant que nous en
vinssions nous-même à distinguer, dans le
médaillon, celui qu'immortaliserait *la Nouvelle Héloïse* ?

Quant à Voltaire, il est reconnaissable au premier chef. Le retour triomphal à Paris ne tardera pas : la calvitie augmente, la lèvre inférieure avance désespérément; les plis, sous le menton, vont jusqu'au bourrelet.

Nous félicitons M. Maurice Prost de la possession de médaillons d'un tel prix. Dans notre jeunesse, nous en vîmes de bien beaux d'Antoine ; ceux dont nous venons de parler n'auraient, par la pureté de la ligne, guère craint la comparaison.

M. LE COMTE BERNARD DE LESCHAUX (Lons-le-Saunier). — Dans la demeure de M. de Leschaux se trouvent deux sculptures que nous devons signaler.

L'une — et l'on comprendra que nous commencions par là — donne le buste de son arrière-grand-père, personne fort distinguée du xviiie siècle dont le souvenir, d'ailleurs, n'est pas encore éteint en Franche-Comté. Il s'agit de Pierre Désiré de Leschaux, qui à plusieurs dignités locales joignit les fonctions, aussi recherchées que délicates à remplir, de subdélégué : ses pouvoirs s'étendaient à Lons-le-Saunier, à Orgelet et à Saint-Amour. Dans

un médaillon où, en un bas-relief d'ivoire
découpé, et le profil tourné à gauche, se
détachent les traits · de ce serviteur entendu
de l'ancienne monarchie, apparaît la manière
encore d'Antoine. Perruque, cravate, justaucorps, tout est combiné pour faire ressortir la
physionomie. On se trouve en présence d'une
pièce de goût. L'image a 4 cent. $\frac{1}{2}$ de haut sur
3 de large.

Puis c'est un christ d'ivoire, et un christ
dont nous ne faisons nulle difficulté d'attribuer
la paternité à notre quatrième aïeul lui-même.
Voilà notamment la bouche typique, aux dents
supérieures très apparentes, distinctes même,
et à la langue discrètement, délicatement mise
en lumière. Une touffe de cheveux tombe
en avant de l'une et de l'autre épaule, avec
l'inégalité généralement pratiquée par notre
ancêtre. La couronne d'épines, cette fois, est
à trois branches entrelacées : deux, la plupart
du temps, suffisent à Joseph. Visage plein
d'expression. Mains superbes. Draperie non
moins réussie, mais — les défenses de l'élé-
phant ont des limites qu'ignore le marbre —
draperie en deux morceaux ; cette division pourtant ne nuit pas plus à l'unité que la juxtaposi-

tion existant dans les bras de tous les christs. La souffrance amène le corps à se porter quelque peu de côté. Comme exécution, les pieds valent les mains. Un point contestable cependant et qui, dirions-nous, est l'écueil du fini tout spécial des œuvres de Joseph : le maître a tenu à rendre les veines des membres inférieurs et même des bras; or, on peut se demander s'il céda à une heureuse inspiration, ces reliefs ne trouvant que maigre balance dans le reste du corps. Par une sorte de piété filiale, voulut-il rappeler un instant, fût-ce en l'atténuant, la manière de Jacques-Antoine, très réaliste à cet égard? Hypothèse permise, mais tout de même, à notre avis, ces saillies tranchent beaucoup. En ce qui regarde les extrémités basses, nous admettrions la chose (afflux du sang du crucifié). Mais les bras, dont l'élévation se trouve prononcée, ne sont-ils pas déjà, ou peut s'en faut, devenus exsangues? Il y a là, du reste, une remarque plutôt qu'une critique, car une critique ne saurait vraiment tenir devant un ensemble offrant tant de beauté. Que M. de Leschaux reçoive donc, sur ce crucifix d'un style mâle, des compliments semblables à ceux que nous avons adressés à

MM. Maurice Jeantet et Maurice Prost. Le sujet atteint 41 cent. de hauteur, 49 avec les bras. Jusqu'à ce jour, nous n'avions vu, des Rosset, aucun christ d'ivoire de cette dimension. Il en existerait un dans le Doubs, paraît-il, plus grand encore; faute de temps, nous ne pûmes vérifier le fait.

M. DÉSIRÉ MONNET (Besançon).— Au moment de parler d'une autre sculpture, notre pensée se reporte, chargée d'émotion, vers la personne qui nous la montra : deux mois venaient à peine de s'écouler que nous apprenions sa mort. Avec M. Désiré Monnet disparaissait un homme aimable, de belle culture, attaché aux traditions et profondément patriote. L'ancienne terre des Séquanes exerçait sur lui un puissant attrait : aussi y passa-t-il, à peu de chose près, l'existence entière. Et plus approchait le soir de sa vie, plus il trouvait de charme à sa chère province. Sans trop forcer l'image, nous pouvons dire qu'il ne fut, à ce moment, pas moins uni au sol comtois que le lierre l'est au manoir que dore le soleil couchant. Ses yeux pourtant — la destinée présente de ces contradictions — ne devaient pas s'y fermer!

Comme nous, M. Monnet descendait directement de Jacques, non, c'est vrai, par les Javelot — cette branche va s'éteindre avec celui qui écrit ces lignes —, mais par les Piquet (1919, p. 117).

L'ouvrage qu'alors plein de vie nous fit voir le regretté disparu consiste en un christ encore. D'ivoire, comme les précédents, il a 11 cent. $\frac{1}{2}$ de hauteur, et, avec les bras, 13. La couronne d'épines, à deux branches, la draperie, la position sur la croix, la physionomie, empreinte de souffrance, sont d'une belle correction. Jacques toutefois — car c'est visiblement lui l'auteur de la pièce — achève au plus sa première phase : il appuie trop, et irrégulièrement, vers la caroncule lacrymale, puis aux pieds, du sommet du métatarse à la naissance des doigts, trace, en éventail, des sillons d'un effet peu heureux. Partout ailleurs l'esthétique reçoit satisfaction.

Il y a six ans, nous avons cité, sans toutefois les analyser — le chapitre suivant comblera cette lacune — cinq ivoires possédés par M. Monnet; or d'autres sculptures des Rosset, notamment un christ de dimension double, figuraient encore dans sa collection. Ces sculptures, nous n'avons certes pas manqué de les regarder ; mais, touchant presque au terme de notre voyage, nous ne pûmes véritablement le faire avec toute l'attention qu'elles méritaient. Nous n'en parlerons donc pas aujourd'hui, les réservant pour une deuxième suite qu'apparemment encore appellera le livre de 1919, si cette suite, cependant, il entre dans les vues du destin que ce soit de nouveau nous qui l'écrivions.

M. Paul Jeantet (Paris). — Il s'agit, à présent, d'une Fuite en Égypte, constituée par deux pièces distinctes d'ivoire, fixées à la colle sur un socle de bois noir. Précédant la Vierge Marie, qui, montée sur l'âne traditionnel, tient dans ses bras l'Enfant Jésus emmailloté, saint Joseph conduit l'animal par une bride rapportée (chanvre), et, à l'aide d'un bâton se terminant en fourche, porte un panier sur l'épaule. L'allure plaît, le détail est soigné : dans la présentation des trois personnages nous reconnaissons la main de notre quatrième aïeul. L'âne, par contre, prêterait un peu à critique ; la crinière notamment joue légèrement la dent de scie.

Autre point de vue : on ne se trouve pas devant un bas-relief, mais devant une ronde-bosse ; or celle-ci est étrange. Par derrière, en effet, Vierge et monture sont creusées, et la concavité accuse même un degré prononcé, alors que Joseph garde le plein de l'attitude. Pourquoi ce vide circulaire? Quatre trous, voire un cinquième, dont nous allons incessamment parler, ne tardent pas à fournir l'explication : l'artiste dut originairement y fixer, par de légères tiges, tel ou tel complément, depuis disparu. Un palmier peut-être? un ange? qui sait? le pinceau, ainsi que le ciseau, a traité le sujet assez souvent pour laisser libre cours aux conjectures. Quant au cinquième trou, il sert aujourd'hui à retenir une sorte d'auréole qu'une personne plus qu'ingénieuse, étrangère à la famille de M. Jeantet, a placée derrière la tête de la Vierge : pas le moindre style, une vulgaire découpure. Accordons toutefois à ce collaborateur inconnu le bénéfice des circonstances atténuantes : il s'est arrêté en chemin, et n'a gratifié de cet ornement improvisé ni le chef de saint Joseph ni celui du petit Jésus. Malgré cette addition, qui porte atteinte à la beauté du groupe, on a devant soi une œuvre de réelle valeur.

Plus grande hauteur du travail, auréole négligée bien entendu : 9 cent.

Avant que nous passions à un autre collectionneur, M. Paul Jeantet nous permettra-t-il, comme ancien ami de son père, de lui adresser une triple requête : tout d'abord, évidemment, ce serait de faire disparaître le déplorable appendice ; ensuite de renouveler le chanvre de la bride qui, avec le temps, a pris une teinte presque noirâtre, tranchant désagréablement sur le blanc du sujet ; enfin de ne pas continuer à abriter ce dernier sous un globe de verre exigeant un socle de bois. Cette assise-là en effet, dans l'installation de laquelle n'est d'ailleurs pour rien le fils du diligent bibliophile, du fervent amateur d'art que fut M. Raymond Jeantet, constitue un double emploi. Un soubassement d'ivoire ne termine-t-il pas déjà chacune des deux pièces en vue de leur placement direct sur un meuble, ou sur le marbre d'une cheminée ? Si notre ancêtre Joseph avait pu prévoir l'utilisation ultérieure d'un socle de bois, il aurait, ce n'est pas douteux, supprimé les supports, ou, pour le moins, n'eût pas cherché à en rompre

la monotonie par des cannelures longitudi-
nales! Un tertre ou le sable du désert se serait
alors présenté à son imagination. Il est peu
probable cependant que notre requête soit
accueillie, même partiellement : la pièce est
venue ainsi entre les mains de M. Paul Jeantet, ce dernier ne voudra pas y toucher. Nous
savons en effet la profondeur du respect filial
qui existe en lui. Nous nous inclinerons devant
un tel sentiment, non toutefois sans demander
à M. Jeantet si son père lui-même ne songea
jamais à ces améliorations : assez souvent on
forme les meilleurs projets, mais, pour une
cause ou une autre, on sursoit à leur exécution, et un jour arrive où la Parque fait irrévo-
cablement son œuvre....

M. Henri Prost (Paris). — Voici, pour clore
ce chapitre, deux médaillons d'Antoine avec
personnages. Ces médaillons sont d'ivoire
découpé, se trouvent entourés d'un léger cercle
(faisant corps avec la pièce, pour le premier,
séparé pour le second), et ont 7 cent. de diamètre. L'un et l'autre portent les initiales
A. R.

Premier sujet : Henri IV et Sully, tête nue,

sont engagés dans un colloque aussi grave qu'animé; à gauche est le roi : il appuie le bras droit sur un tronc d'arbre, au pied duquel se trouvent déposés épée et chapeau; l'interlocuteur tient sa coiffure à la main.

Dans l'autre pièce, on voit le roi encore, mais en compagnie de Gabrielle d'Estrées. Ils conversent également, assis chacun sur un tertre (à moins que, pour le Béarnais, il ne s'agisse d'une pierre?). Henri IV, dont le couteau de chasse porte, au manche, une curieuse tête d'animal, passe un bras autour de la taille de la favorite.

Les médaillons sont très jolis, très soigneusement travaillés. Mais ne présentent-ils que des beautés? Né s'y mêle-t-il pas des points faibles? Voilà ce que, dans une nouvelle visite à M. Henri Prost, nous aurions aimé à tirer au clair. Malheureusement, lorsque nous nous sommes présenté chez lui, l'heure des villégiatures avait sonné, et le sympathique possesseur des ivoires n'était plus à Paris. Pourtant (qu'à défaut d'autres mérites, ce modeste ouvrage offre au moins celui de la sincérité) nous ne voudrions pas cacher ce qui d'abord nous frappa. Disons donc que, dans le premier sujet, à la partie visible de l'intérieur des mains, les séparations des phalanges nous semblèrent bien prononcées. Évidemment la vérité l'exige, puisque ces mains, l'artiste nous les montre ayant tendance à se fermer ; mais, réalisme à part, l'effet manque d'élégance : Antoine, pensions-nous, eût évité la crudité du rendu en mettant la paume davantage en évidence. Au cours d'une discussion animée, d'ailleurs, le geste soulignant la démonstration n'amène-t-il pas de lui-même la tension des doigts ? Puis, dans l'autre sujet, si expressives que fussent les physionomies, la barbe du roi trahissait quelque effort : devant la monotonie de ses séparations verticales, nous songions involontairement au fil à plomb. Mais ce sont là des remarques d'une bien faible importance, et, n'ayant pu les passer au crible d'un second examen, nous ne nous trouvons même pas certain de leur justesse.

SCULPTURES

NON ANALYSÉES EN 1919

Nous n'avons pas trouvé à Besançon, sauf chez M. Désiré Monnet, de sculptures des Rosset qui auraient eu pour nous le caractère de la nouveauté; du moins on ne nous en indiqua aucune. A notre sentiment pourtant, il doit y exister plusieurs encore de ces ouvrages; ils se révéleront par la suite, espérons-le. Mais nous avons rendu visite à Mme Jules Rémond, afin de pouvoir offrir au lecteur une analyse des deux sujets d'ivoire qu'elle voulut bien, en 1906, prêter pour l'exposition rétrospective des arts en Franche-Comté, sujets que, treize ans plus tard, nous nous bornâmes à mentionner. Cette analyse sera suivie de celle de quatre autres pièces prêtées de même par M. Monnet et, elles encore, simplement citées en 1919.

OUVRAGES EXAMINÉS CHEZ MME JULES RÉMOND.
— Des personnages en pied inspirés de Callot,
de ses *baroni* spécialement : voilà ce que
Mme Rémond eut l'amabilité de placer sous nos
yeux. Inspirés, non copiés. Comment d'ailleurs une ronde-bosse, si le sculpteur n'y
faisait œuvre personnelle, arriverait-elle à re-
produire l'envers absent d'une image plane ?
Puis vient la fantaisie où l'artiste généralement aime à se jouer, quand il n'imite pas ser-
vilement, mais qu'il interprète. Création ou
fantaisie, ce fut, en tout cas, pour l'auteur des
ivoires de Mme Rémond, l'occasion de montrer
une habileté peu commune.

Le premier sujet se compose d'une femme
et d'un jeune garçon, tout à côté. Lequel des
deux personnages est le plus déguenillé ? Il y
a hésitation vraiment. On peut compter maint
et maint trou à la robe de la femme, mais le
vêtement de l'enfant accuse un état aussi
piteux. Pourtant la pauvresse ne laisse pas, à
une main, d'être gantée, pendant qu'elle fait
disparaître l'autre (si toutefois ce n'est un
moignon) dans un manchon. Elle a, pour cela,
des raisons évidemment étrangères au luxe.
Du jeune garçon également, on n'aperçoit

qu'une main. La seconde se perd sous les hardes
Qu'y fait-elle ? Oh ! c'est très simple. Puisque
nous sommes sur le terrain réaliste, parlons
sans détours : le gamin se gratte. Les deux
acolytes, qui ne se trouvent pas taillés dans le
même morceau d'ivoire, mais qu'un socle de
bois réunit, offrent une rare expression ; on ne
peut vraiment demander davantage à un artiste.
Le regard de la femme est particulièrement
à signaler ; il s'y révèle certes plus que de la
défiance.

Dans l'autre sujet on voit un gueux ayant auprès de lui un jeune berger, à se baser du moins
sur le bâton que tient ce second personnage.
L'exécution est aussi belle que dans l'ouvrage
précédent. Si les mains ne présentent rien
d'extraordinaire, tout ce qui se rapporte aux
extrémités inférieures dénote un travail remarquable ; quant aux cheveux, le rendu le meilleur les caractérise. Il n'est pas jusqu'au
chapeau du gueux qui n'ait superbe allure. Ah !
cet homme, toute son attention se concentre
sur un morceau de pain (ou une tranche de
fromage ?) qu'il tient d'une main, pendant
que l'autre serre une cruche. C'est à peine s'il
daigne écouter le berger, qui pourtant semble

lui donner un utile renseignement, peut-être
même lui indiquer quelque bon coup à faire.
Dans le sujet, il y a division encore des personnages.

Hauteur du premier ouvrage : femme,
10 cent. $\frac{1}{2}$, gamin, 6 ; du second : homme,
11 cent., berger, 8 $\frac{1}{2}$.

Et l'auteur de ces ivoires ? Le fini particulier
indique assurément Joseph ; mais Joseph, pour
nous, n'a pas dû y travailler seul, comme
d'ailleurs cela se produisait fréquemment (1919,
p. 54). L'ébauche fut probablement le lot de
Jacques. Aux yeux en effet nous relevons le
procédé habituel de ce dernier ; l'un des orbites est, à cet égard, particulièrement signifi-
catif.

OUVRAGES EXAMINÉS CHEZ M. DÉSIRÉ MONNET.
— Cinq, tous d'ivoire, tous de Jacques.

En premier lieu, une Vierge délicieuse.
C'est l'emblème de la douceur. Notre trisaïeul
touche à la troisième phase ; il persiste bien
un peu encore dans sa pratique oculaire, mais
ailleurs quelle finesse ! Le drapé surtout est
remarquable, sauf peut-être dans l'extrême
bas. Cette pièce malheureusement porte un

appendice qui, s'il est moins simple que celui de la Fuite en Egypte, ne le cède en bizarrerie nullement à ce dernier. Nous n'insistons pas, nous bornant à mentionner que, cet appendice écarté, le sujet a 10 cent. $\frac{1}{2}$ de hauteur.

Puis deux personnages (sont-ce eux qui, en 1906, figurèrent sous la dénomination de « grotesques » à l'exposition rétrospective des arts tenue à Besançon ? alors nous avouerions ne pas comprendre), personnages inspirés de Callot, comme ceux de Mme Rémond, et pareillement en pied. Tout d'abord une femme ayant, à une main, un bâton de pèlerin (la gourde traditionnelle s'y trouve fixée), et, à l'autre, un panier. Plusieurs déchirures trouent la robe, en dépit d'un rudimentaire raccommodage. Regard assez madré. Et dans l'autre pièce un pauvre hère d'un travail exquis : béquilles, jambe amputée, sac, chapeau, barbe, rien ne donne prise à la critique. Le visage spécialement est remarquable comme détail ; on croirait que Joseph se réserva le bas. Hauteur des personnages : femme, 12 cent. ; homme, 11 cent. $\frac{1}{2}$.

Enfin, faisant pendants, deux petits bustes, de 6 cent. $\frac{1}{2}$, l'un, de Voltaire, l'autre, de

J.-J. Rousseau. Le défenseur de Calas (pose de 1767) est d'un âge difficile à préciser, en raison d'une cassure survenue au nez et altérant la physionomie. Quant à Rousseau, la jeunesse a fui. C'est, pour le moins, le décrété de prise de corps de l'année 1762 ; les rides de la face ne laissent guère de doute à cet égard. Ah ! cette fois, la proéminence caractéristique du nez se détache bien. Les yeux enfin furent, dans les ouvrages de Jacques, rarement aussi réussis.

LA PRESSE

Sans nous être attaché à suivre toutes les revues où, depuis 1919, on put parler des Rosset, deux cependant, indiquant des œuvres nouvelles pour nous, tombèrent sous nos yeux.

En octobre 1921, paraît dans *The Connoisseur*, sous la signature de M. R. P. Bedford, un article consacré à un buste de Voltaire acquis par le Victoria and Albert Museum (South Kensington). Une photogravure repro‑duit la pièce après nettoyage, car la sculpture se trouvait d'abord recouverte d'une épaisse couche de peinture. En vérité, M. Vallery-Radot doit s'estimer privilégié : son Voltaire de 1777 est un moulage, tandis qu'à Londres il s'agit d'un original, et de marbre blanc ! L'auteur de *Mérope* se présente dans la pose de 1767, et, sous les épaules, se voit cette inscription : *Rosset f^t à St-Claude* 1768. Hauteur : 20 cent.

Puis, en février 1923, dans une revue parisienne bien connue, *la Gazette des Beaux-Arts*, M. Maximilien Buffenoir publie un article orné de plusieurs photogravures, dont deux portent au bas :

a « Statuette de J.-J. Rousseau, marbre, par Joseph Rosset (musée de l'Ariana, Genève) » ;

b « Buste de J.-J. Rousseau, marbre, par Joseph Rosset (collection de M. Frédéric Raisin, Genève) ».

M. Buffenoir, qui ne donne, il est vrai, qu'assez accessoirement ces reproductions, ne les fait suivre d'aucun autre détail ; sous sa plume des explications n'eussent certainement pas manqué d'intérêt.

GÉNÉALOGIE

Si, jusqu'à l'ouvrage paru il y a six ans, il
ne s'était jamais trouvé de livre spécialement
consacré aux Rosset, maints écrivains pourtant n'avaient pas laissé d'en parler plus ou
moins indirectement. Dans des dictionnaires,
dans des annuaires, par exemple, on voyait
tantôt une colonne, tantôt une page rapportant
quelque trait de la carrière artistique. Or ces
biographes n'étaient pas parvenus à établir nettement la généalogie des Rosset, ni même (sauf
pour un de ces artistes, touchant la naissance,
et deux, concernant la mort) à indiquer des
dates positives. Personnellement du reste,
malgré les nombreuses conversations jadis
tenues par nos parents sur ces vénérés dis-
parus, nous n'avions guère pu apporter plus
de précision à cet égard, ce qui cependant

nous eût été extrèmement facile avant le triste
incendie de 1878 (1919, p. IV et 94). On comprendra dès lors nos efforts, une fois arrivé
dans le Jura, pour débrouiller l'écheveau dont
la discussion critique servant de début au chapitre consacré à notre trisaïeul Jacques (1919,
p. 95 à 100) donnait une idée.

Le maire de Saint-Claude, M. Henri Ponard, à qui deux universitaires fort aimables,
MM. Aimé Berthod et Albert Milhaud, ses
collègues à la chambre des députés, voulurent
bien nons recommander, nous autorisa à faire
des recherches dans les archives de sa ville
antérieures à la révolution. Il y mit même une
complaisance très particulière, et nous tenons
à lui en renouveler ici nos remerciements les
plus sincères; de tels remerciements, d'ailleurs, s'étendent à ses collaborateurs de tout
rang, auprès de qui également nous trouvâmes
le meilleur accueil.

Le résultat de notre travail fut malheureusement inférieur à leur obligeance.

C'est que peu d'heures avaient suivi notre
descente du train que déjà, à certains troubles
physiques, nous sentions que bientôt nous
regagnerions Paris. Aussi limitions-nous sans

retard, mais non sans regret, le champ de nos recherches, les restreignant aux registres paroissiaux. Ce sont des recueils de divers formats, écrits en un français assez lisible, mais complètement dépourvus de tables et offrant, en outre, l'amalgame le plus prononcé, baptêmes, mariages, sépultures s'y entrecroisant. Dépouiller attentivement, feuille à feuille, tous ces livres aurait exigé un temps dépassant de beaucoup celui que nous avions l'intuition de pouvoir passer à Saint-Claude; nous en vînmes donc à utiliser les données approchantes que nous possédions et à procéder par sondages successifs. Si cette méthode expéditive ne nous réussit pas absolument, elle ne nous desservit pas trop non plus : il nous fallait les dates de naissance de Joseph Rosset et de quatre de ses enfants, l'abbé, qui peignit, Jacques, François et Antoine; nous les découvrîmes à l'exception de celle de l'avant-dernier qui échappa à nos regards; en compensation, le jour de la mort du père tomba sous nos yeux.

Présentement donc et nous basant, touchant les fils, sur les actes de décès dont nous eûmes déjà l'occasion de faire état (1919, p. 96), nous pouvons assigner la durée suivante à la vie des cinq artistes :

Joseph, 21 juillet 1706 — 3 décembre 1786;
l'abbé, 19 février 1737 — 17 mai 1809;
Jacques, 4 avril 1741 — 25 mars 1826;
François,   ?   — 29 mai 1824;
Antoine, 22 janvier 1749 — 5 juin 1818.

Voici d'ailleurs, à l'intention des personnes pour qui les sources ont un prix particulier, des extraits des registres paroissiaux :

NAISSANCE DE JOSEPH, *alias* Jean François, François-Joseph, Jean-François-Joseph, Jean-Claude-François-Joseph et, dans l'intimité (1919, p. 74 et 75), Jacques : « Jean françois fils d'hon Jacques Antoine Rosset dit dupont bourgeois de S! Claude et d'honte Jeanne Claudine Chappuis sa femme est venu au monde et a été baptisé ... le vingt unième Juillet dix sept cent et six .... »

NAISSANCE DE L'ABBÉ : « Jean Joseph Nicolas fils légitime du S' Jean françois Rosset sculpteur et Bourgeois de cette ville et de Delle Anne Claudine amable vincent son Épouse, né le Dix neuvième et a été Baptisé le vingtième février mil sept cent trente sept.... »

Naissance de Jacques, *alias* Jacque Joseph, Jacques-Joseph et Jacques-François : « Jacque Joseph fils légitime du Sr Jean françois Rosset maitre sculpteur et bourgeois de cette ville et de Delle Anne claudine amable vincent son épouse, né et baptisé cejourdhuy quatrième avril mil sept cent quarante un.... »

Naissance d'Antoine, *alias* Claude-Antoine : « claude antoine fils légitime du sr jean françois rosset maistre sculpteur bourgeois de cette ville et de demoisselle anne claudine aimable vincent son épouse est né et a été baptisé cejourdui vingt deuxième janvier mil sept cent quarante neuf... »

Décès de Joseph : « Le sieur Jean françois Rosset dupont Bourgeois de cette ville sculpteur très renommé agé d'environ quatre vingt ans muni de tous les sacremens est décédé le trois & a été enseveli le quatre décembre mil sept cent quatre vingt six en présence de Messieurs françois Joseph Rosset dupont conseiller de l'hotel de ville, Jacque Joseph Rosset-dupont ses fils soussignés & de plusieurs leurs parents voisins & amis.... »

DOLÉANCES

Cette année même, au mois de mai, la Galerie Georges Petit annonçait la vente d'une collection importante — la collection Lehmann — et en publiait le catalogue.

A la page 13 (première partie), on pouvait lire :

« Statuette en marbre blanc, par Rosset. Elle représente Apollon nu, debout, adossé à un tronc d'arbre et s'appuyant sur sa lyre. Signé : *Rosset père fecit.* Fin de l'époque Louis XV. Hauteur, 42 cent. »

Si, contre notre habitude — en 1919, nous n'y dérogions qu'une fois, — nous mentionnons cette vente, c'est afin de la faire suivre de doléances. A combien pense-t-on que la statuette ait été adjugée? On se souvient que, de ses bustes, notre ancêtre demandait, en

1771, de deux à huit louis (1919, p. 57), et sans doute aussi sait-on qu'avant la guerre un chercheur patient réussissait encore à obtenir quelque ouvrage du maître à un prix variant de trois cents à quatre mille francs (nous pensons donner un suffisant écart). Eh bien! comme le relate le numéro du 2 juillet 1925 (p. 601) du *Figaro artistique*, l'Apollon trouva preneur à 23 000 francs, ce qui, avec les frais de 19,50 %, porta l'achat à près de 27 500. Qu'à un point de vue nous enregistrions avec satisfaction cette augmentation de valeur marchande, nous ne le nierons pas : l'avenir est un sphinx, et nos amis possédant des œuvres des Rosset ne comprennent certainement aucun collectionneur assez audacieux pour affirmer que jamais il ne se verra obligé de les vendre. Que dans le cas d'une telle réalisation, ce collectionneur éveille tout notre intérêt, cela va de soi; mais, d'une manière générale, un acheteur qui ne cède nullement au mirage de la spéculation, qu'au contraire guide le seul amour du beau, ne mérite-t-il pas quelque peu aussi notre sympathie ? Or, devant l'accroissement continu de la cherté de la vie, combien notre pays, combien spécialement notre chère province d'origine vont-ils désormais compter de personnes, de ce caractère désintéressé, en état de s'offrir le luxe d'une semblable acquisition?

C'est la question qu'avec nous, sans doute, se posera plus d'un lecteur.

FIN

INDEX DES NOMS

Milhaud (Albert), 44.
Monnet (Désiré), *C*, 27, 28, 35, 38.

P

Pigalle, 9.
Piquet (Les), 28.
Ponard (Henri), 44.
Prométhée, 6.
Prost (Henri), *C*., 32, 33.
Prost (Maurice), *C*., 21, 22, 24, 27.

R

Raisin (Frédéric), *C*., 42.
Rémond (Mme Jules), *C*., 35, 36, 39.
Rosset (Les), en tant que famille, I, 1, 2, 17, 27, 28, 35, 43, 50.
Rosset (L'abbé), 45, 46.
Rosset (Antoine), 3, 18, 19, 22, 23, 24, 25, 32, 34, 45, 46, 47.

Rosset (François), 3, 12, 45, 46, 47, (?) 47.
Rosset (Jacques), 3, 4, 5, 7, 13, 15, 17, 20, 21, 23, 25, 28, 38, 40, 44, 45, 46, 47.
Rosset (Jacques - Antoine), 15, 26, 46.
Rosset (Joseph), 3, 4, 5, 9, 11, 13, 14, 20, 25, 26, 31, 38, 39, (?) 42, 42, 45, 46, 47, 49, — *R*., 19.
Rousseau (Jean - Jacques), *R*., 7, 8, 22, 24, 40, 42.

S

Sully, *R*., 32.

T

Thérèse (Sainte), *R*., 14.
Trouillot (Mme Louis), *C*., 19.

TABLE DES MATIÈRES

PARIS

IMPRIMERIE GÉNÉRALE LAHURE

9. RUE DE FLEURUS, 9

PARIS — IMPRIMERIE GÉNÉRALE LAHURE — 9, RUE DE FLEURUS, 9

9 782329 199450